ikati uBob umngane wami omkhulu

A Purrrfect Time (Zulu Translation)

Written by Sam Miller

The Purrrfect Time was written originally in English
and translated into the following languages:
Thai, Vietnamese, Tagalog, German, Spanish, Portuguese,
Mandarin, Bengali, French, Hindi.

Copyright © 2021 by Samuel Miller

All rights reserved. No part of this publication may be reproduced, stored in a retrieval system, or transmitted, in any form or by any means, electronic, mechanical, photocopying, recording, or otherwise, without the written prior permission of the publisher.

ISBN 978-1-7775490-9-1

Book design by Hiroki Nakaji

Printed and bound with IngramSpark

Armed Bandit Publishing

Ngahlangana lo Sam ngisese ngumangoye. Impilo yakhe yayilula. Wayelezandla zombili. Ngelinye ilanga walahlekelwa ngesinye isandla sakhe engozini, kodwa kazange alahlekelwe yikubobotheka kwakhe. Udaba lolu luyiskhumbuzo sokuqakatheka ukuthi umuntu anakekele okumjabulisayo empilweni njalo lokungalahli ithemba.

Igama lami ngingu Bob(umangoye wesifazana) ngizalixoxela udabo lolu. Asihlanganeni sikhumbule impilo yami.

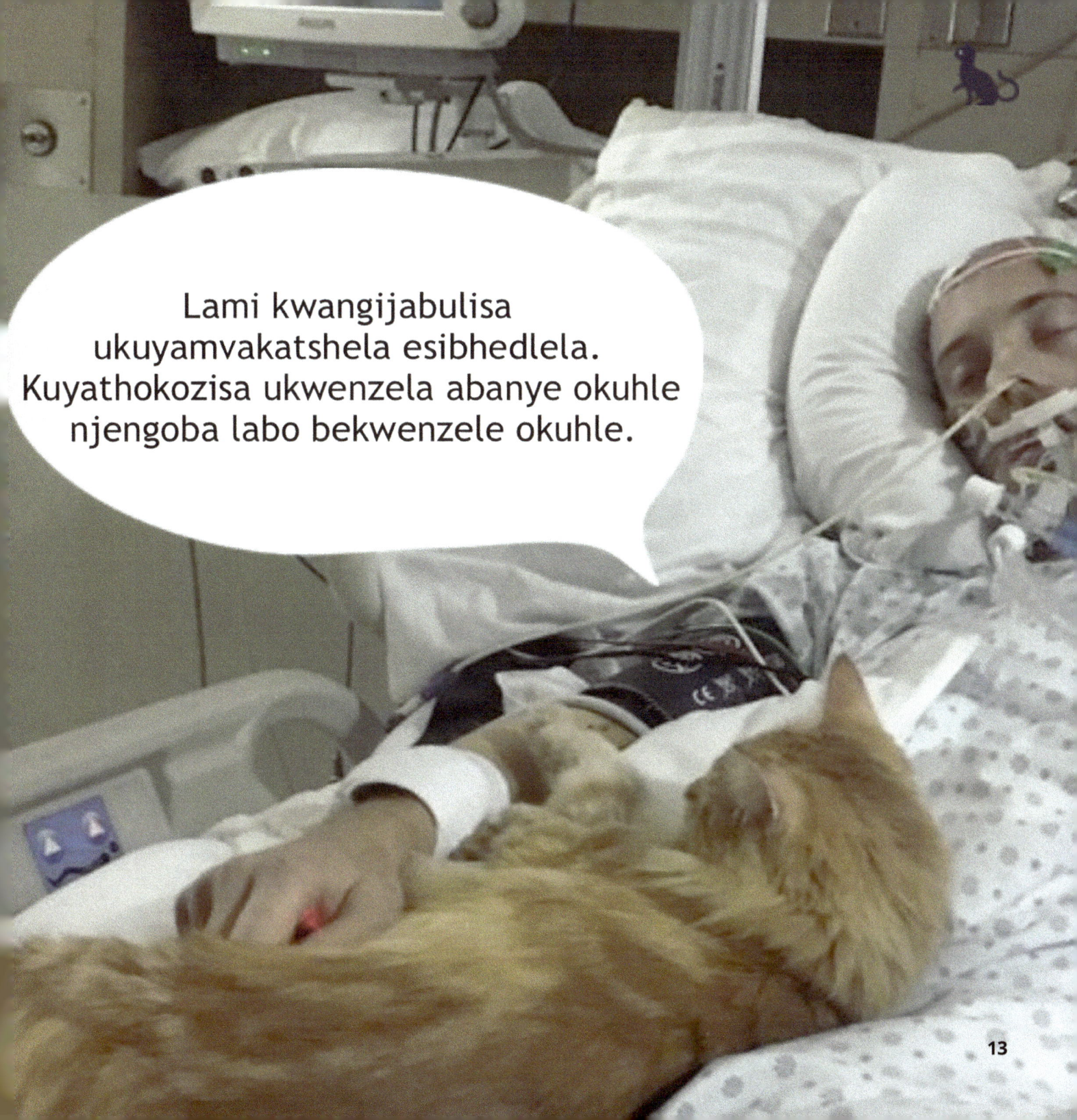

Usam wayesefonini ngaleliyana langa ngamuzwa ekhuluma lokhu kumngane wakhe:

Kwamanye amalanga sikhumbuzwa ngabantu esitshona isikhathi labo. Ngikhumbula ukuthi ngizakuthini. Abantu bafuna ukulalelwa bazi njalo ukuthi balalelwe. Nginanzelele ukuthi kuqakathekile ukukhangelisisa lokulalela ukuthi bazakuthini, kuzabenza batshengise ukuthakazelela abakukhulumayo.

Ukuba yimi kwami kutshengisa abantu engichitha isikhathi labo. Ngiyaqakethisa ukuchitha isikhathi labantu engibathembileyo, engibahloniphayo, lengithokoza ukuhlala ngilabo.

Ma izinto zinzima kuba lobunzima bokukhangela impilo ma ngithole izinto ezinengi mayelana lami labangane bami. Sengifunde ukukhangela ubunzima lokwehluleka ngidinge uncedo.

USam uqinisile yikho mina laye singabangane.

ulitholile ikati elincane kulolugwalo na?

Sam: Ugwalo lolu lwaqalisa luyinganekwane kimi. Kwakuyindlela yokubana ngikhohlwe ngempilo yami kancane. Kwaba yikuzelapha lokuziduduza. Kwangifundisa okunengi ngami lokukhangelisisa ubunzima bempilo.

Imfanekiso Ependwayo